DEER

YOUR TURN!

	A	B	C	D	E	F
1						
2						
3						
4						
5						
6						
7						

LION

YOUR TURN!

	A	B	C	D	E	F
1						
2						
3						
4						
5						
6						
7						

GIRAFFE

YOUR TURN!

	A	B	C	D	E	F
1						
2						
3						
4						
5						
6						
7						

KANGAROO

YOUR TURN!

	A	B	C	D	E	F
1						
2						
3						
4						
5						
6						
7						

ELEPHANT

YOUR TURN!

	A	B	C	D	E	F
1						
2						
3						
4						
5						
6						
7						

PENGUIN

YOUR TURN!

	A	B	C	D	E	F
1						
2						
3						
4						
5						
6						
7						

MONKEY

YOUR TURN!

	A	B	C	D	E	F
1						
2						
3						
4						
5						
6						
7						

CROCODILE

YOUR TURN!

A   B   C   D   E   F

1

2

3

4

5

6

7

BUNNY

YOUR TURN!

	A	B	C	D	E	F
1						
2						
3						
4						
5						
6						
7						

SHEEP

YOUR TURN!

	A	B	C	D	E	F
1						
2						
3						
4						
5						
6						
7						

HORSE

YOUR TURN!

	A	B	C	D	E	F
1						
2						
3						
4						
5						
6						
7						

PIG

YOUR TURN!

	A	B	C	D	E	F
1						
2						
3						
4						
5						
6						
7						

BIGHORN SHEEP

YOUR TURN!

	A	B	C	D	E	F
1						
2						
3						
4						
5						
6						
7						

BIRD

YOUR TURN!

	A	B	C	D	E	F
1						
2						
3						
4						
5						
6						
7						

TURTLE

YOUR TURN!

A B C D E F

1
2
3
4
5
6
7

TIGER

YOUR TURN!

	A	B	C	D	E	F
1						
2						
3						
4						
5						
6						
7						

HIPPO

YOUR TURN!

	A	B	C	D	E	F
1						
2						
3						
4						
5						
6						
7						

COW

YOUR TURN!

	A	B	C	D	E	F
1						
2						
3						
4						
5						
6						
7						

TEDDY BEAR

YOUR TURN!

	A	B	C	D	E	F
1						
2						
3						
4						
5						
6						
7						

DESSIN SINGE

YOUR TURN!

	A	B	C	D	E	F
1						
2						
3						
4						
5						
6						
7						

ELEPHANT

YOUR TURN!

A B C D E F

1
2
3
4
5
6
7

GIRAFFE

YOUR TURN!

	A	B	C	D	E	F
1						
2						
3						
4						
5						
6						
7						

BAT

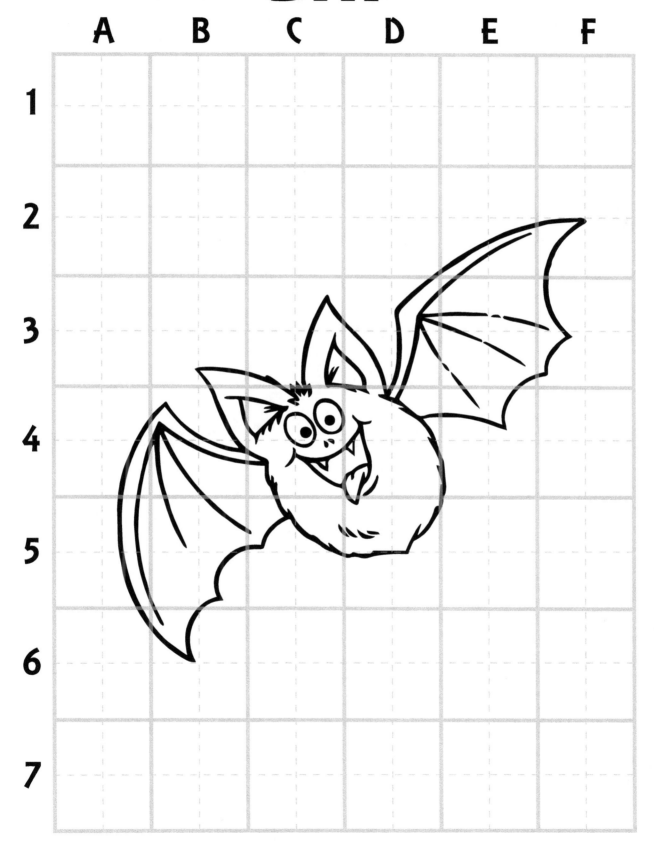

YOUR TURN!

	A	B	C	D	E	F
1						
2						
3						
4						
5						
6						
7						

DUCK

YOUR TURN!

	A	B	C	D	E	F
1						
2						
3						
4						
5						
6						
7						

FROG

YOUR TURN!

	A	B	C	D	E	F
1						
2						
3						
4						
5						
6						
7						

CAT

YOUR TURN!

	A	B	C	D	E	F
1						
2						
3						
4						
5						
6						
7						

HIPPO

YOUR TURN!

	A	B	C	D	E	F
1						
2						
3						
4						
5						
6						
7						

BUTTERFLY

YOUR TURN!

	A	B	C	D	E	F
1						
2						
3						
4						
5						
6						
7						

MONKEY

YOUR TURN!

	A	B	C	D	E	F
1						
2						
3						
4						
5						
6						
7						

MACAW

A B C D E F

1
2
3
4
5
6
7

YOUR TURN!

	A	B	C	D	E	F
1						
2						
3						
4						
5						
6						
7						

BEAR

YOUR TURN!

	A	B	C	D	E	F
1						
2						
3						
4						
5						
6						
7						

DOLPHIN

YOUR TURN!

	A	B	C	D	E	F
1						
2						
3						
4						
5						
6						
7						

FROG

YOUR TURN!

	A	B	C	D	E	F
1						
2						
3						
4						
5						
6						
7						

GOAT

YOUR TURN!

	A	B	C	D	E	F
1						
2						
3						
4						
5						
6						
7						

PEACOCK

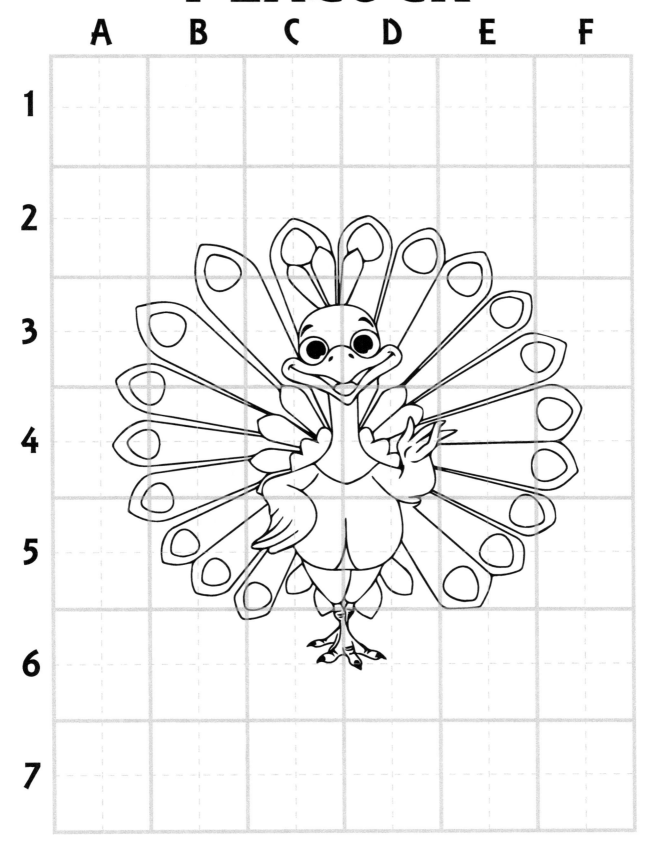

YOUR TURN!

	A	B	C	D	E	F
1						
2						
3						
4						
5						
6						
7						

TURTLE

A B C D E F

1
2
3
4
5
6
7

YOUR TURN!

	A	B	C	D	E	F
1						
2						
3						
4						
5						
6						
7						

YOUR TURN!

	A	B	C	D	E	F
1						
2						
3						
4						
5						
6						
7						

ELEPHANT

YOUR TURN!

	A	B	C	D	E	F
1						
2						
3						
4						
5						
6						
7						

DOG

YOUR TURN!

	A	B	C	D	E	F
1						
2						
3						
4						
5						
6						
7						

GIRAFFE

YOUR TURN!

	A	B	C	D	E	F
1						
2						
3						
4						
5						
6						
7						

BIRD

YOUR TURN!

	A	B	C	D	E	F
1						
2						
3						
4						
5						
6						
7						

CROCODILES

	A	B	C	D	E	F
1						
2						
3						
4						
5						
6						
7						

YOUR TURN!

	A	B	C	D	E	F
1						
2						
3						
4						
5						
6						
7						

HEN

YOUR TURN!

	A	B	C	D	E	F
1						
2						
3						
4						
5						
6						
7						

KINGFISHER

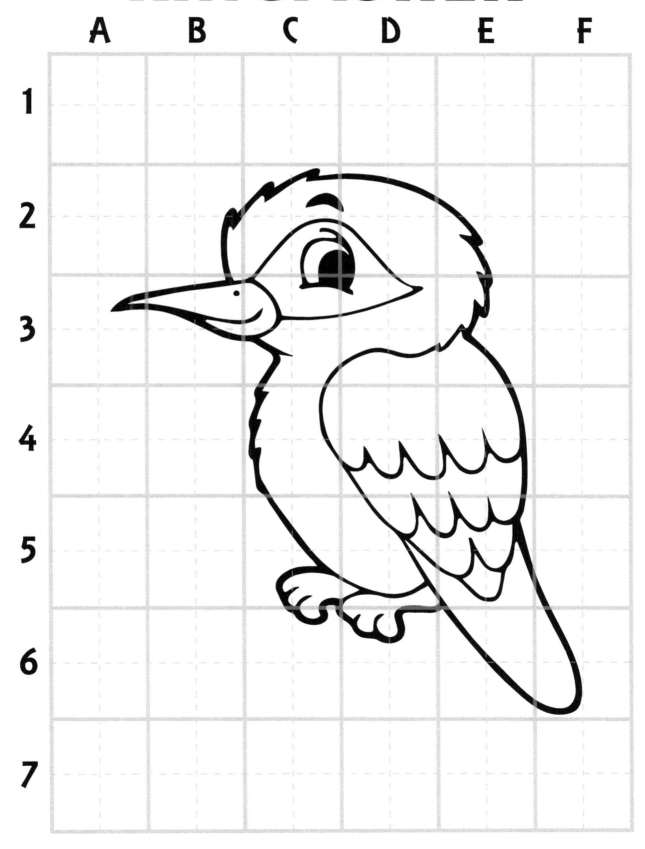

YOUR TURN!

	A	B	C	D	E	F
1						
2						
3						
4						
5						
6						
7						

FISH

A B C D E F

1 2 3 4 5 6 7

YOUR TURN!

A B C D E F

1
2
3
4
5
6
7

SEAHORSE

YOUR TURN!

	A	B	C	D	E	F
1						
2						
3						
4						
5						
6						
7						

YOUR TURN!

	A	B	C	D	E	F
1						
2						
3						
4						
5						
6						
7						

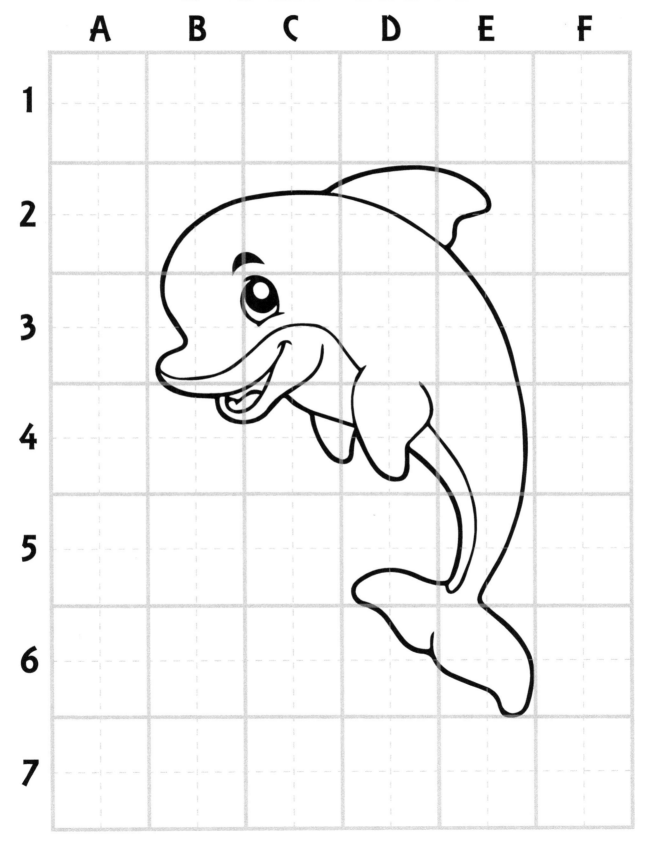

YOUR TURN!

	A	B	C	D	E	F
1						
2						
3						
4						
5						
6						
7						

CRAB

YOUR TURN!

	A	B	C	D	E	F
1						
2						
3						
4						
5						
6						
7						

GORILLA

YOUR TURN!

	A	B	C	D	E	F
1						
2						
3						
4						
5						
6						
7						

www.ingramcontent.com/pod-product-compliance
Lightning Source LLC
LaVergne TN
LVHW080906190125
801669LV00012B/530